Montbéliard
1846

AULNOY, Madame d'

L'oiseau bleu

conte de Fées

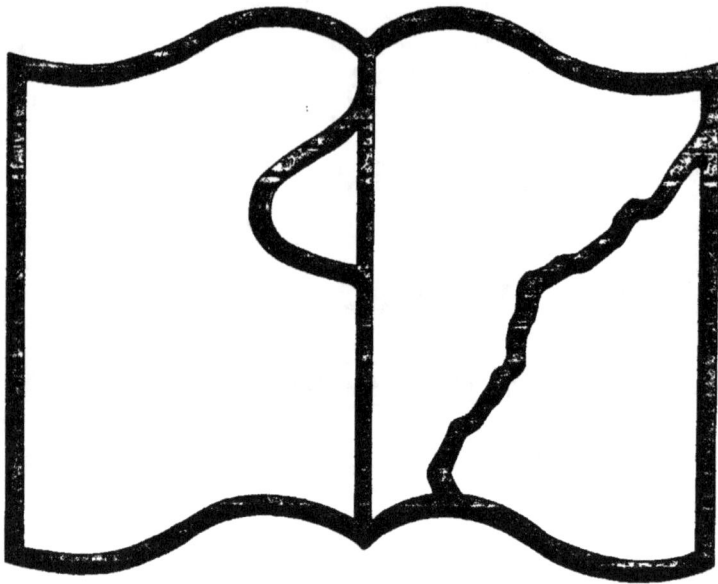

**Symbole applicable
pour tout, ou partie
des documents microfilmés**

Texte détérioré — reliure défectueuse

NF Z 43-120-11

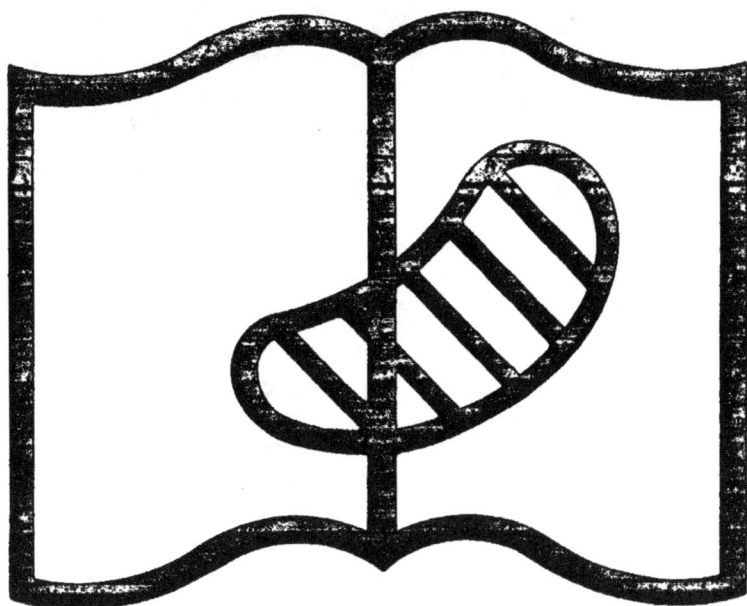

Symbole applicable
pour tout, ou partie
des documents microfilmés

Original illisible

NF Z 43-120-10

L'OISEAU-BLEU.

(12)

L'OISEAU-BLEU,

CONTE

DES FÉES.

Par Madame D***

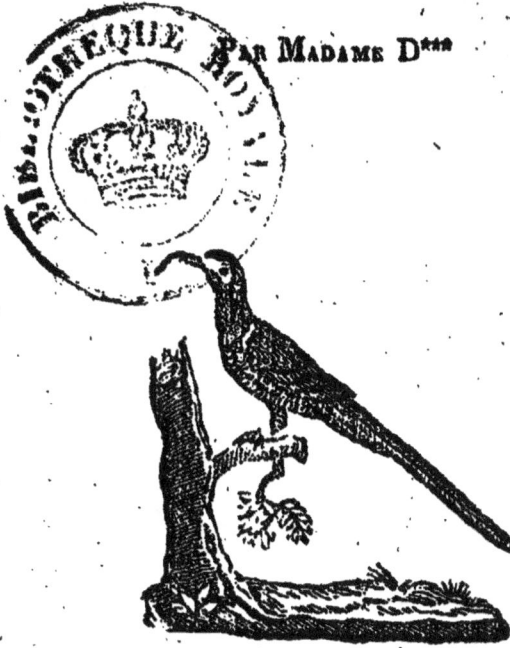

MONBÉLIARD,

LIBRAIRIE DE DECKHERR FRÈRES.

1846

Oiseau bleu, couleur du temps,
Vole à moi promptement! (Page 27.)

L'OISEAU-BLEU.

CONTE.

'ÉTAIT une fois un Roi fort riche en terres et en argent ; sa
femme mourut, il en fut in-
consolable. Il s'enferma huit
jours entiers dans un petit cabinet, où il se cassait la tête
contre les murs tant il était af-
fligé. On craignit qu'il ne se
tuât, on mit des matelas entre la tapisserie et
la muraille, de sorte qu'il avait beau se frap-
per, il ne se faisait point de mal. Tous ses sujets
résolurent de l'aller voir, et de lui dire ce qu'ils
pourraient pour soulager sa tristesse. Les uns
préparaient des discours graves et sérieux ;
d'autres d'agréables et réjouissans : mais cela
ne faisait aucune impression sur son esprit.
Enfin il se présenta devant lui une femme si
couverte de crêpes noirs, de voiles, de longs
habits de deuil, et qui pleurait et sanglotait si
fort qu'il en fut interdit. Elle lui dit qu'elle
n'entreprenait pas comme les autres, de dimi-
nuer sa douleur, qu'elle venait pour l'augmenter, parce que rien n'était plus juste que de
pleurer une bonne femme, que pour elle qui
avait eu le meilleur de tous les maris, elle pleu-
rerait autant qu'il lui resterait des yeux à la
tête : là-dessus elle redoubla ses cris, et le Roi,
à son exemple, se mit à hurler. Il la reçut

mieux que les autres ; il l'entretint des belles
qualités de sa chère défunte, et elle renchérit
sur celles de son cher défunt ; ils causèrent
tant, qu'ils ne savaient plus que dire sur leur
douleur. Quand la fine veuve vit la matière
presque épuisée, elle leva un peu ses voiles, et
le Roi se récréa la vue à regarder cette pauvre
affligée qui tournait de beaux yeux bleus,
bordés de longues paupières noires ; son teint
était assez fleuri. Le Roi la considéra avec attention ; peu-à-peu il parla moins de sa femme, puis il n'en parla plus. La veuve disait
qu'elle voulait toujours pleurer son mari, le Roi
la pria de ne pas immortaliser son chagrin.
Pour conclusion, on fut tout étonné qu'il l'é-
pousât, et que le noir se changeât en verd et
couleur de rose. Il suffit souvent de connaître
le faible des gens pour entrer dans leur cœur,
et pour en faire tout ce qu'on veut.

Le Roi n'eut qu'une fille de son premier
mariage, qui passait pour une merveille du
monde ; on la nommait *Florine*, parce qu'elle
était fraîche, jeune et belle. On ne lui voyait
guères d'habits magnifiques, elle aimait des
robes de taffetas ornées de pierreries, et force
de guillandes de fleurs, qui faisaient un effet
admirable, quand elles étaient placées dans ses
beaux cheveux. Elle n'avait que quinze ans,
lorsque le roi se remaria.

La nouvelle Reine envoya quérir sa fille qui
avait été nourrie chez sa marraine la Fée *Soussio* ; mais elle n'en était ni plus gracieuse ni
plus belle. Soussio y avait travaillé, et n'y
avait rien gagné ; elle ne laissait pas de l'aimer

tendrement. On l'appelait *Truitonne*, et son visage avait autant de tache de rousseur qu'une truite ; ses cheveux noirs étaient si gras et si crasseux qu'on n'y pouvait toucher ; sa peau jaune distillait de l'huile. La Reine ne parlait que de la charmante Truitonne, et comme Florine avait tant d'avantage sur elle, la Reine se désespérait et employait tous les moyens de la mettre mal auprès du Roi ; il n'y avait point de jour que la Reine et Truitonne ne fissent quelque pièce à Florine. La Princesse, qui était douce et spirituelle, tâchait de se mettre au-dessus de ces mauvais procédés.

Le Roi dit un jour à la Reine que Florine et Truitonne étaient en âge d'être mariées, et que le premier Prince qui viendrait à la Cour, il fallait faire en sorte de lui en donner une. Je prétends, répliqua la Reine, que ma fille soit la première établie, elle est plus âgée que la vôtre, et comme elle est mille fois plus aimable, il n'y a pas à balancer là-dessus. Le Roi qui n'aimait point la dispute, lui dit qu'il l'en laissait le maîtresse.

Peu de tems après on apprit que le Roi Charmant devait arriver. Jamais Prince n'a porté plus loin la galanterie et la magnificence : son esprit et sa personne n'avaient rien qui ne répondît à son nom.

Quand la Reine sut ces nouvelles, elle employa tous les brodeurs, tailleurs et ouvriers à faire des ajustemens à Truitonne, et fit tant que Florine n'eut rien de neuf, et ayant gagné ses femmes, elle lui fit voler tous ses habits,

ses coiffures et pierreries le jour même que
Charmant arriva, de sorte que lorsqu'elle se
voulut parer, elle ne trouva pas même un
ruban. Elle vit bien d'où lui venait ce bon of-
fice ; elle envoya chez tous les marchands
pour avoir des étoffes; ils répondirent que la
Reine avait défendu qu'on lui en donnât. Elle
demeura donc avec une robe très-simple, et
sa honte fut si grande, qu'elle se mit dans un
coin de la salle, lorsque le Roi Charmant arriva.

La Reine le reçut avec de grandes cérémo-
nies, et lui présenta sa fille plus brillante que
le soleil, et plus laide avec ses parures qu'elle
ne l'était ordinairement. Le Roi en détourna
les yeux , et la Reine se persuadait qu'elle lui
plaisait trop, et qu'il craignait de s'engager;
de sorte qu'elle la faisait toujours placer devant lui. Il demanda s'il n'y avait pas encore
une autre Princesse appelée *Florine.* Oui , dit
Truitonne, en la montrant du doigt. La voilà
qui se cache, parce qu'elle n'est pas brave. Florine rougit et devint si belle que le Roi Charmant en fut comme ébloui. Il se leva promptement, fit une profonde révérence, et lui dit :
Madame, votre incomparable beauté vous pare
trop, et vous n'avez besoin d'aucun secours
étranger. Seigneur, repliqua-t-elle, je vous
avoue que je suis si peu accoutumée à être mise
comme ceci, que vous m'auriez fait plaisir de
ne vous pas apercevoir de moi. Il serait impossible, s'écria Charmant, qu'une si aimable
Princesse pût être en quelque lieu , et qu'on
eût des yeu· pour d'autres. Ah ! dit la Reine

irrité, je perds bien mon tems à vous entendre ;
croyez—moi, Seigneur, Florine est déjà assez
coquette, elle n'a pas besoin qu'on lui dise tant
de galanteries. Le Roi Charmant démêla bientôt les motifs qui faisaient ainsi parler la Reine ;
mais comme il n'était pas de condition à se
contraindre, il laissa paraître toute son admi-
ration pour Florine, et l'entretint trois heures.

La Reine au désespoir, et Truitonne incon-
solable de n'avoir pas la préférence sur la Princesse, firent de grandes plaintes au Roi, et l'o-
bligèrent de consentir que pendant le séjour
du Roi Charmant, on enfermerait Florine dans
une tour. En effet aussitôt qu'elle fut dans sa
chambre, quatre hommes masqués la portèrent en haut de la tour, et l'y laissèrent dans
la dernière désolation. Elle vit bien qu'on n'en
usait ainsi que pour l'empêcher de plaire au
Roi qui l'aimait déjà beaucoup, et qu'elle aurait aussi bien pris pour époux.

Comme il ignorait les violences qu'on venait
de faire à la Princesse, il attendait l'heure de
la revoir avec impatience ; il voulut parler
d'elle à ceux qui étaient avec lui, mais par ordre de la Reine ils lui en dirent tout le mal
que l'on peut imaginer, qu'elle était coquette,
inégale, de méchante humeur, qu'elle tour-
mentait ses amis et ses domestiques, qu'on ne
pouvait être plus mal-propre, qu'elle poussait
si loin l'avarice, qu'elle aimait mieux être habillée comme une petite bergère, que d'acheter
des étoffes de l'argent que lui donnait le Roi
son père.

A tout ce détail, Charmant sentait des mou-

vemens de colère qu'à peine il pouvait modé-
rer. Non, disait-il en lui-même, il est impossible que le ciel ait mit une âme si mal faite
dans un chef-d'œuvre de la nature ; je con-
viens qu'elle n'était pas proprement mise quand
je l'ai vue, mais la honte qu'elle en avait prou-
ve assez qu'elle n'est pas accoutumée à se voir
ainsi. Quoi ! elle serait mauvaise avec cet air
de douceur qui enchante ? Cela n'est pas possible, il est aisé de croire que c'est la Reine qui
la décrie ainsi, elle n'est pas belle-mère pour
rien, et Truitonne est une si laide bête, qu'il
ne serait point extraordinaire qu'elle ne portât
envie à la plus parfaite de toutes les créatu-
res.

Pendant qu'il raisonnait ainsi, les courtisans
qui l'environnaient virent bien qu'ils ne lui
avaient pas fait plaisir de parler mal de Florine. Il y eut un plus fin que les autres, qui
changeant de ton et de langage pour connaître
les sentimens du Prince, se mit à dire des mer-
veilles de la Princesse. A ces mots, il se réveilla
comme d'un profond sommeil, entra dans la
conversation, sa joie se répandit sur son visage.
Amour, amour, que l'on te cache difficile-
ment ! tu parais partout, sur les lèvres d'un
amant, dans ses yeux, au son de sa voix, lorsque l'on aime, le silence, la conversation, la
joie ou la tristesse, tout parle de ce qu'on res-
sent.

La Reine impatiente de savoir si le Roi
Charmant était bien touché, fit venir ceux
qu'elle avait mis dans sa confidence, et passa
le reste de la nuit à les questionner. Tout ce

qu'ils lui disaient, confirmait que le Roi aimait Florine.

Mais que vous dirai-je de la mélancolie de cette pauvre princesse ? Elle était couchée par terre dans le donjon de la tour où elle était enfermée. Je serais moins à plaindre, disait-elle, si l'on m'avait mise ici avant que j'eusse vu cet aimable Roi, l'idée que j'en ai ne peut servir qu'à augmenter mes peines, je ne dois pas douter que c'est pour m'empêcher de le voir, que la Reine me traite si cruellement. Hélas ! que la beauté dont le ciel m'a pour vue coûtera cher à mon repos ! Elle pleurait ensuite si amèrement que son ennemie en aurait eu pitié, si elle eut été témoin de ses douleurs.

C'est ainsi que cette nuit se passa. La Reine qui voulait engager le Roi Charmant par tous les témoignages de son attention lui envoya des habits d'une richesse et d'une magnificence sans pareille, faits à la mode du pays, et l'ordre des Chevaliers d'amour que le Roi avait institué le jour de ses nôces ; c'était un cœur d'or émaillée, couleur de feu, entouré de plusieurs flèches, et percé d'une avec ces mots : *Une seule me blesse.* La Reine avait fait tailler pour Charmant un cœur d'un rubis gros comme un œuf d'autruche ; chaque flèche était d'un seul diamant, longue comme le doigt, et la chaîne où ce cœur tenait, était faite de perles d'une grosseur sans pareille ; si bien que depuis que le monde existe. Il n'y avait rien paru de tel

Le Roi à cette vue demeura si surpris qu'il fut quelque tems sans parler ; on lui présenta

en même tems un livre dont les feuillets étaient
de vélin avec des miniatures admirables ; la
couverture était d'or, chargée de pierreries, où
les statuts de l'ordre des chevaliers d'amours
étaient écrits d'un style tendre et galant. On
dit au Roi que la Princesse qu'il avait vue, le
priait d'être son chevalier et qu'elle lui envoyait
ce présent.

A ces mots, il osa se flatter que c'était celle
qu'il aimait. Quoi ! la belle Princesse Florine,
s'écria-t-il, pense à moi d'une manière si gé-
néreuse et si galante ! Seigneur, lui dit-on,
vous vous méprenez ; nous venons de la part
de l'aimable Truitonne. C'est Truitonne qui
me veux pour son chevalier, dit le Roi ; je suis
fâché de ne pouvoir accepter cet honneur ; un
Souverain n'est pas assez maître de lui pour
prendre les engagemens qu'il voudrait. Je sais
ceux de Chevalier, je voudrais les remplir tous ;
mais j'aime mieux ne pas recevoir la grâce
qu'elle m'offre, que de m'en rendre indigne. Il
remit aussitôt le cœur et le livre dans la même
corbeille, et renvoya le tout chez la Reine qui
pensa étouffer de rage avec sa fille, de la manière méprisante dont le Roi étranger avait
reçu une faveur si particulière.

Il se rendit ensuite chez le Roi où il esperait
voir Florine. Dès qu'il entendait entrer quelqu'un il tournait brusquement la tête vers la
porte et paraissait inquiet et chagrin. La malicieuse Reine devinait assez ce qui se passait
dans son âme, mais elle n'en faisait aucun semblant, ne lui parlant que de partie de plaisir,
à quoi il ne répondait pas. Enfin, il demanda

où était Florine. Seigneur, lui dit fièrement la
Reine, le Roi a défendu qu'elle sorte de chez
elle jusqu'à ce que ma fille soit mariée. Et la
raison. Je l'ignore; et quand je la saurais, je
pourrais me dispenser de vous la dire. Charmant était fort en colère, il regardait Truitonne de travers, et disait en lui-même, que
c'était à cause de ce petit monstre qu'on lui
dérobait le plaisir de voir la Princesse, et quitta la Reine sur-le-champ.

De retour à sa chambre, il dit à un jeune
Prince qui l'avait accompagné, et qu'il aimait,
de donner tout ce qu'on voudrait pour gagner
une dame de la Princesse, afin qu'il pût lui
parler un moment.

Ce Prince s'adressa à une qui lui promit que
le soir même Florine serait à une petite fenêtre
qui donnait sur le jardin, et qu'il pourrait lui
parler pourvu qu'il prit garde qu'on ne le sût ;
car, dit-elle, le Roi et la Reine sont si sévères,
qu'ils me feraient mourir, s'ils savaient que
j'eusse favorisé Charmant. Le Prince ravi d'a-
voir amené l'affaire jusques-là, courut faire
sa cour au Roi, en lui annonçant le rendez-
vous ; mais la mauvaise confidente fit avertir
la Reine de ce qui se passait, qui dit qu'il fallait envoyer sa fille à la petite fenêtre ; elle
l'instruisit bien et Truitonne ne manqua en
rien quoiqu'elle fut naturellement bête.

La nuit était si noire qu'il était imposible
au Roi de s'apercevoir de rien, quand même
il n'aurait pas été aussi prévenu qu'il l'était ;
de sorte qu'il s'approcha de la fenêtre avec
une joie inexprimable, et dit à Truitonne to it

ce qu'il aurait dit à Florine pour la persuader
de sa passion. Truitonne profitant du moment,
lui dit qu'elle était la plus malheureuse personne du monde d'avoir une belle-mère si
cruelle, qu'elle souffrirait toujours jusqu'à ce
que sa fille fut mariée. Le Roi l'assura que si
elle voulait, il partagerait avec elle sa couronne et son cœur ; et tirant sa bague de son
doigt, il la donna à Truitonne, ajoutant que
c'était un gage éternel de sa foi, et qu'elle n'a-
vait qu'à prendre l'heure pour partir en dili-
gence. Truitonne répondit le mieux qu'elle put
à ses empressemens. Il s'apercevait bien qu'elle
ne disait rien qui vaille ; mais il se persuadait
que la crainte d'être surprise par la Reine lui
ôtait la liberté de parler. Il ne la quitta qu'à
condition de revenir le lendemain à pareille
heure, ce qu'elle promit de tout son cœur.

La Reine ayant su le succès de cette entre-
vue, elle s'en promit tout. En effet, le Roi
vint la prendre dans une chaise volante, attelée
de grenouilles ailées, dont un Enchanteur de
ses amis lui avait fait présent.

La nuit était fort noire ; Truitonne sortit
mystérieusement par une petite porte ; et le
Roi qui l'attendait, la reçut entre ses bras, et
lui jura cent fois une fidélité éternelle ; mais
comme il n'était pas d'humeur de voler long-
tems dans sa chaise volante, sans épouser la
Princesse, il lui demanda où elle voulait que les
nôces se fissent. Elle dit qu'elle avait pour
marraine la fée Soussio, et qu'elle était d'avis
d'aller à son château. Quoique le Roi ne sut
pas le chemin, il n'eut qu'à dire à ses gre-

nouilles de l'y conduire; elles connaissaient la carte de tout l'univers, et aussitôt ils arrivèrent chez Soussio.

Le Château était si bien éclairé, qu'en arrivant le Roi aurait connu son erreur, si Truitonne ne se fut soigneusement cachée de son voile. Elle demanda sa marraine, et lui parla en particulier lui disant qu'elle avait attrapé Charmant, et la priait de l'appaiser. Ah! dit la Fée, cela n'est pas facile, il aime trop Florine; je suis sûre qu'il va nous désespérer. Charmant les attendait dans une salle dont les murs étaient de diamans si clairs, qu'il vit au travers Soussio et Truitonne causer ensemble. Il croyait qu'il rêvait. Quoi! disait-il, ai-je été trahi? les démons ont-ils apporté cette ennemie de notre repos? vient-elle troubler mon mariage? ma chère Florine ne parait pas, son père l'a peut-être suivie. Il pensait mille choses qui le désolaient; mais ce fut bien pis quand elles entrèrent dans la salle, et que Soussio lui dit d'un ton absolu : Roi Charmant, voici la Princesse Truitonne, à qui vous avez donné votre foi, c'est m'a filleule, et je veux que vous l'épousiez tout-à-l'heure. Moi! s'écria-t-il, j'épouserais ce monstre! vous me croyez bien docile, de me faire de telles propositions; sachez que je ne lui ai rien promis. si elle dit autrement, elle en a.... N'achevez pas, interrompit Soussio, et ne soyez jamais assez hardi de me manquer de respect.

Je consens, dit Charmant, de vous respecter autant qu'une Fée, pourvu que vous me rendiez ma Princesse. Ne la suis-je pas, parjure, dit Truitonne, en lui montrant sa bague, à qui as-tu donné cet anneau pour gage de la foi? à qui as-tu parlé à la petite fenêtre, si ce n'est à moi. Comment donc, reprit-il, j'ai été trompé! non, je n'en serai pas la dupe : allons, mes grenouilles, je veux partir tout-à-l'heure. Ho! ce n'est pas une chose en votre pouvoir, si je n'y consens, dit Soussio; et le touchant, ses pieds s'attachèrent au parquet comme s'ils eussent été cloués.

Quand vous me lapideriez, quand vous m'écorcheriez, je ne serais pas à une autre qu'à Florine; je suis résolu; vous pouvez après cela user de votre pouvoir à votre gré. Soussio employa la douceur, les menaces, les promesses, les prières : Truitonne pleura, cria, gémit, se fâcha, s'appaisa. Charmant les regardant toutes deux avec l'air du monde le plus indifférent, ne répondait rien à leur verbiage.

Il se passa ainsi vingt jours et vingt nuits, sans qu'elles cessassent de parler, sans manger, sans dormir et sans s'asseoir. Enfin, Soussio à bout et fatiguée, dit au Roi : Hé bien! vous êtes un opiniâtre qui ne voulez pas entendre raison; choisissez ou d'être sept ans en pénitence pour avoir violé votre parole, ou d'épouser ma filleule. Le Roi qui avait tenu un profond silence, s'écria tout d'un coup : Faites de moi tout ce que vous voudrez, pourvu que je sois délivré de cette maussade. Maussade vous-même, dit Truitonne en colère : je vous trouve un plaisant Roitelet avec votre équipage marécageux de venir jusques dans mon pays me dire des injures, et me manquer de

parole, si vous aviez pour quatre deniers
d'honneurs, en useriez-vous ainsi ? Voilà des
reproches touchans, dit le Roi d'un ton rail—
leur, voyez-vous qu'on a tort de ne pas prendre une si belle personne pour sa femme ! Non,
elle ne la sera pas, dit Soussio en colère, tu
n'as qu'à t'envoler par cette fenêtre si tu veux,
car tu seras sept ans Oiseau-bleu.

En même-tems le Roi change de figure, ses
bras se couvrent de plumes et se forment en
ailes, ses jambes et ses pieds deviennent noirs
et menus ; il y croît des ongles crochus ; son
corps devient petit et tout garni de longues
plumes d'un bleu céleste, ses yeux s'arrondis-
sent et brillent comme des soleils, son nez n'est
plus qu'un bec d'ivoire, il s'élève sur sa tête
une aigrette blanche qui forme une couronne.
Il parle et chante à ravir, en cet état il jette un
cri douloureux de se voir ainsi métamorphosé,
et s'envole à tire d'ailes pour fuir la méchante
et funeste Soussio.

Dans ce chagrin accablant, il vole de branche en branche et ne choisit que les arbres
consacrés à l'amour ou à la tristesse, tantôt sur
les myrthes, tantôt sur les cyprès, il chanta
des airs pitoyables, déplorant son infortune et
celle de Florine. En quel lieu ses ennemis l'ont-
ils cachés, disait-il ? Qu'est devenue cette belle
victime ? la barbarie de la Reine la laisse—t-
elle encore respirer ? où la chercherai-je ? suis-
je condamné à passer sept ans sans elle ? Peut-
être que pendant ce tems on la mariera, et que
je perdrai à jamais l'espérance qui soutient ma
vie ! Toutes ces pensées affligeaient à tel point

l'Oiseau—bleu, qu'il voulait se laisser mourir.

D'un autre côté la Fée Soussio renvoya Truitonne à la Reine qui était bien inquiète de savoir comme tout s'était passé. Quand elle le lui eut dit, elle se mit dans une colère terrible, dont le contre—coup tomba sur la triste Florine. Il faut, dit-elle, qu'elle se repente plus d'une fois d'avoir su plaire à Charmant; et montant sur la tour avec Truitonne, qu'elle avait parée de ses plus riches habits; elle portait une couronne de diamant sur la tête, et trois filles des plus riches Barons tenaient la queue de son manteau royal; elle avait au doigt l'anneau de Charmant que Florine remarqua le jour qu'il lui parla. Elle fut étrangement surprise de voir Truitonne dans un si pompeux appareil.

Voilà ma fille qui vient vous apporter des présens de ses nôces, dit la Reine, le Roi Charmant l'a épousé, il l'aime à la folie, il n'a jamais été de gens plus satisfaits. Aussitôt on étala devant la Princesse des étoffes tissues d'or et d'argent, des pierreries, des dentelles et des rubans, qui étaient dans des grandes corbeilles de filigrammes d'or. Lorsqu'elle lui offrait toutes ces choses, Truitonne ne manquait pas de faire briller l'anneau du Roi; de sorte que la Princesse Florine ne doutant plus de son malheur, s'écria qu'on ôte de devant ses yeux ces funestes présens, qu'elle ne voulait porter que du noir, ou plutôt qu'elle voulait mourir. Elle s'évanouit, et la cruelle Reine ravie d'avoir si bien réussi, ne la secouru pas, et la laissant seule dans un si cruel état, alla conter au Roi que sa fille était transportée pour Charmant jusqu'à extravaguer, et qu'il fallait bien se garder de la laisser sortir ; le Roi lui dit d'en faire à sa fantaisie.

Lorsque la Princesse revint de son évanouissement, qu'elle eut fait réflexion aux mauvais traitemens que lui faisait souffrir sa Marâtre, et l'espérance qu'elle perdait pour jamais d'épouser le Roi Charmant, sa douleur fut si vive qu'elle pleura toute la nuit, se mit dans cet état par la fenêtre, et y fit des regrets fort tendres : quand le jour approcha, elle la ferma, et continua de pleurer.

La nuit ensuite elle la rouvrit, et poussa de profonds soupirs en versant un torrent de larmes ; le jour vint, elle se cacha de nouveau dans sa chambre. Le Roi Charmant autrement *l'Oiseau-Bleu*, ne cessait de voltiger autour du Palais ; il jugeait que sa chère Princesse y était enfermée, et si ses plaintes étaient tristes, les siennes ne l'étaient pas moins. Il s'approchait des fenêtres autant qu'il pouvait pour regarder, mais la crainte que Truitonne ne le vît, l'empêchait de faire ce qu'il aurait voulu. Il y va de ma vie, disait-il, si ces méchantes Princesses découvraient où je suis ; il faut m'éloigner, car je suis exposé à tous les dangers. Ces raisons l'obligèrent à garder de grandes mesures, et à ne choisir que la nuit. On avait planté vis-à-vis la fenêtre où Florine se mettait, un cyprès d'une hauteur prodigieuse, l'Oiseau-Bleu vint s'y percher. A peine y fut-il, qu'il entendit une personne se plaindre. Souffrirai-je encore long-tems ? disait-elle

la mort ne viendra-t-elle point à mon secours ?
ceux qui la craignent ne la voient que trop-
tôt, je la désire, et la cruelle me fuit. Ah !
barbare Reine, que tai-je fait pour me retenir
dans une captivité si affreuse ! n'as-tu pas assez
d'autres endroits pour me désoler ? tu n'as
qu'à me rendre témoin du bonheur que ton
indigne fille goûte avec le Roi Charmant. L'Oiseau-Bleu n'avait pas perdu un mot de cette
plainte et attendait le jour avec impatience
pour voir la dame affligée ; mais avant qu'il
vint, elle avait fermé sa fenêtre et s'était re-
tirée.

L'Oiseau curieux ne manqua pas de revenir
la nuit suivante ; il faisait clair de lune, il vit
la Princesse commencer ses regrets. Que t'ai-je
fait, Fortune, qui me flattait de régner, pour
me plonger tout d'un coup dans de si amères
douleurs ? est-ce à une âge aussi tendre que
le mien qu'on doit sentir ton inconstance ? reviens, barbare, reviens s'il est possible, je te
demande pour toute faveur de terminer ma
fatale destinée. L'Oiseau-bleu, qui écoutait,
se persuadait que c'était son aimable Princesse
qui se plaignait, lui dit : Adorable Florine,
pourquoi voulez-vous finir si promptement
votre vie ? nos maux ne sont point sans re-
mède. Hé ! qui me parle d'une manière si con-
solante ? Un Roi malheureux, dit l'Oiseau,
qui vous aime et n'aimera jamais que vous.
Un Roi qui m'aime, dit Florine ! est-ce ici un
piège que me tend mon ennemie ? mais au fond
qu'y gagnera-t-elle si elle cherche à découvrir
mes sentimens, je suis prête à lui en faire l'a-

veu. Non, Princesse, l'amant qui vous parle
n'est pas capable de vous trahir; en achevant
ces mots, il vola sur la fenêtre. Florine eut
d'abord grande peur d'un oiseau si extraordinaire qui parlait avec autant d'esprit que s'il
avait été homme, quoiqu'il conservât le petit
son de voix d'un rossignole : mais la beauté de
son plumage et ce qu'il lui dit, la rassura.
M'est-il permis de vous revoir, ma Princesse?
puis-je goûter un bonheur si parfait sans mourir de joie? mais hélas! que cette joie est troublée par votre captivité et l'état où la méchante Soussio m'a réduit pour sept ans! Hé!
qui êtes-vous, charmant Oiseau, dit la Princesse en le carressant? vous avez dit mon nom,
ajouta le Roi, et vous feignez de ne pas me
connaître. Quoi! le plus grand Roi du monde,
le Roi Charmant, dit la Princesse, serais le petit
Oiseau que je tiens? Hélas! belle Florine, il
n'est que trop vrai, et si quelque chose peut
me consoler, c'est d'avoir préféré cette peine
à celle de renoncer à l'amitié que j'ai pour
vous. Pour moi, dit Florine, ah! ne cherchez
pas à me tromper, je sais que vous avez épousé
Truitonne : j'ai reconnu votre anneau à son
doigt, je l'ai vue toute brillante de diamans
que vous lui avez donné; elle est venue m'in-
sulter dans ma prison chargée d'une riche couronne et d'un manteau royal qu'elle tenait de
votre main, pendant que j'étais chargée de
chaînes et de fers. Vous avez vu Truitonne en
cet équipage, dit l'Oiseau, sa mère et elle ont
osé vous dire que ces joyaux venaient de moi?
Ciel! est-il possible que j'entende des mensou-

ges si affreux et que je ne puisse m'en venger
aussitôt que je le souhaite! Sachez qu'elles ont
voulu me tromper, et qu'abusant de votre
nom, elles m'ont engagé d'enlever cette laide
Truitonne ; mais aussitôt que je connus mon
erreur, je voulus l'abandonner ; et je choisis
d'être Oiseau-bleu sept ans de suite, plutôt
que de manquer à la fidélité que je vous ai
vouée.

Florine avait un plaisir si grand d'entendre
parler son aimable amant, qu'elle oubliait ses
malheurs. Que ne lui dit-elle pas pour le consoler de sa triste aventure, et pour le persuader
qu'elle ne serait pas moins pour lui qu'il avait
fait pour elle? Le jour paraissait et la plupart
des Officiers étaient déjà levés, que l'Oiseau-
bleu et la Princesse s'entretenaient encore ensemble ; ils se séparèrent avec mille peines,
après s'être promis que toutes les nuits ils s'en-
tretiendraient ainsi.

La joie de s'être trouvés était si extrême,
qu'il n'est point de termes capables de l'expri-
mer, chacun de son côté remerciait l'amour et
la fortune. Cependant Florine s'inquiétait pour
l'Oiseau-bleu. Qui le garantira des chasseurs,
disait-elle, ou de la serre aigue de quelqu'aigle ou de quelque vautour affamé qui le
mangerait avec autant d'appétit que si ce n'é-
tait pas un grand Roi? O ciel! que devien-
drai-je si ses plumes légères poussées par le
vent, venaient jusqu'en ma prison m'annoncer
le désastre que je crains? Cette pensée empêcha la pauvre Princesse de fermer les yeux ;
car lorsqu'on aime, les illusions paraissent des

vérités, et ce que l'on croirait impossible dans
un autre tems, semble aisé en celui-là ; de
sorte qu'elle passa tout le jour à pleurer jusqu'à ce que l'heure fût venue de se mettre à
la fenêtre.

Le charmant Oiseau caché dans le creux
d'un arbre, s'était occupé tout le jour à penser
à sa belle Princesse. Que je suis content, disait-
il, de l'avoir trouvé ! qu'elle est engageante,
que je sens vivement ses témoignages de bonté !
Ce tendre amant occupait les momens de sa
pénitences qui l'empêchait de l'épouser, et jamais on a désiré la fin, avec plus de passion.
Comme il voulait faire à Florine toutes les
galanteries possibles, il vola à la ville capitale
de son Royaume, fut dans son palais et entra
dans son cabinet par une fenêtre qui était ou-
verte, y prit des pendant-d'oreille de diamans
si riches et si artistement faits, qu'il n'y en
avait point au monde de pareils. Il les apporta
le soir à la Princesse, et la pria de s'en parer.
J'y consentirais si vous me voyez de jour, mais
puisque je ne vous parle que de nuit, je ne les
mettrai pas. L'Oiseau lui promit de prendre
si bien son tems, qu'il viendrait à la tour à
l'heure qu'elle voudrait. Aussitôt elle les mit,
et la nuit se passa à causer comme s'était pas-
sée l'autre.

Le lendemain l'Oiseau-bleu retourna dans
son Royaume et étant entré dans son palais,
en apporta les plus riches bracelets que l'on
eût encore vu ; ils étaient d'une seule émeraude
taillée en facette, creusée au milieu pour y
passer le bras. Pensez-vous, lui dit la Prin-

cesse, que mes sentimens pour vous aient besoin d'être cultivés par des présens? Ah! que vous les connaîtriez mal! Non, Madame, répliqua-il, je ne crois pas que les bagatelles que je vous offrent soient nécessaires pour me conserver votre tendresse, mais la mienne serait blessée si je négligeais de vous marquer mon attention; et quand vous ne me voyez pas, ces petits bijoux me rappellent à votre souvenir. Florine là-dessus lui dit tant de choses obligeantes auxquelles il répondit au mieux.

La nuit suivante, l'Oiseau amoureux ne manqua pas d'apporter à sa belle une montre d'une grandeur raisonnable, qui était dans une perle; l'excellence du travail surpassait celle de matière. Il était inutile de me régaler d'une montre, dit-elle galamment; quand vous êtes éloigné de moi, les heures me paraissent sans fin : quand vous êtes avec moi, elles passent comme un songe; ainsi je ne puis leur donner une juste mesure. Hélas! ma Princesse, s'écria l'Oiseau-bleu, je suis bien de même que vous, si je ne renchéris encore. Après ce que vous souffrez pour me conserver votre cœur, dit Florine, je suis en état de croire que vous avez porté l'amitié et l'estime aussi loin qu'elles peuvent aller.

Dès que le jour paraissait, l'Oiseau volait dans le fond de son arbre, où des fruits lui servaient de nourriture, quelquefois encore il chantait de beaux airs, sa voix ravissait les passans; ils entendaient et ne voyaient personne; aussitôt il était conclu que c'était un

esprit, et l'opinion en devint si commune,
qu'on n'osait entrer dans le bois; on rapportait
cent aventures fabuleuses qui s'y étaient pas-
sées; et la terreur générale fit la sûreté particulière de l'Oiseau—bleu.

Il ne se passait aucun jour qu'il ne fît quelque présent à Florine, tantôt un colier de perles ou des bagues des plus brillantes, des
bouquets de pierreries qui imitaient ceux des
fleurs, des livres agréables, des médailles; enfin
Florine avait un amas de richesse très—super-
be, et ne s'en parait que la nuit pour plaire
au Roi; et n'ayant pas d'endroit à les mettre
de jour, sa paillasse lui servait de casette pour
les cacher.

Deux années s'écoulèrent ainsi sans que Florine se plaignit une seule fois de sa captivité.
Et comment s'en serait—elle plaint? elle avait
la satisfaction de parler toutes les nuits à ce
qu'elle aimait. Il ne s'est jamais dit de si jolies
choses, bien qu'elle ne vit personne, et que
l'Oiseau passât le jour dans le creux d'un arbre, ils avaient toujours des nouveautés à se
raconter, la matière était inépuisable, leur
cœur et leur esprit leur fournissaient abondam-
ment des sujets de conversation.

Cependant la malicieuse Reine qui la tenait si cruellement en prison, faisait d'inutiles
efforts pour marier Truitonne; elle envoyait
des ambassadeurs la proposer aux Princes
dont elle connaissait le nom, dès qu'ils arri-
vaient on les congédiait brusquement en leur
disant: s'il s'agissait de la Princesse Florine,
vous seriez reçus avec joie, mais pour Trui-

tonne, elle peut demeurer vestale sans crainte que personne s'y opposera.

A ces nouvelles, sa mère et elle s'emportaient de colère contre l'innocente Princesse. Quoi, disaient-elles, malgré sa captivité, cette arrogante nous traversera ? Quel moyen de lui pardonner les mauvais tours qu'elle nous fait ? il faut qu'elle ait des correspondances secrètes dans des pays étrangers, c'est un crime d'Etat, traitons-la sur ce pied, et tâchons de la convaincre.

Leur conseil finit si tard, qu'il était près de minuit quand elles eurent résolu de monter à la tour pour l'interroger. Florine était avec l'Oiseau-bleu, parée de pierreries, coiffée de ses beaux cheveux, avec un soin qui n'est pas naturel aux personnes affligées ; sa chambre et son lit étaient jonchés de fleur ; et des pastilles d'Espagne qu'on avait brûlées répandaient une odeur excellente. La Reine écouta à la porte et entendit chanter un air à deux parties ; car Florine avait une voix presque céleste ; en voici les paroles qui lui parurent tendres :

> Que notre sort est déplorable,
> Et que nous souffrons de tourmens ,
> Pour nous aimer trop constamment ?
> Mais c'est en vain qu'on nous accable ;
> Malgré nos cruels ennemis,
> Nos cœurs seront toujours unis.

Quelques soupirs finirent leur petit concert.

Ah ! Truitonne, nous sommes trahies, s'écria la Reine en ouvrant brusquement la porte et se jetant dans sa chambre. Que devint Florine à cette vue ? elle poussa promptement sa

petite fenêtre, pour donner le tems à l'Oiseau
de s'envoler ; elle était bien plus occupée de
sa conservation que de la sienne ; mais il ne se
sentit pas la force de s'éloigner ; ses yeux per-
çans lui avaient découvert le péril où sa Princesse était exposée ; qu'elle affliction de ne
pouvoir défendre sa maîtresse ! Et s'appro-
chant d'elle comme des furies : L'on sait vos
intrigues contre l'Etat, s'écria la Reine, ne pensez pas que votre rang vous sauve des châti-
mens que vous méritez. Et avec qui, Madame,
répliqua la Princesse ? n'êtes-vous pas ma Géolière depuis deux ans ? ai-je vu d'autres personnes que celles que vous m'avez envoyés ?

Pendant qu'elle parlait, la Reine et sa fille
l'examinaient avec une surprise sans pareille ;
son admirable beauté et son extraordinaire pa-
rure les éblouissaient, et d'où vous viennent
ces pierreries qui brillent plus que le soleil ?
nous ferez-vous accroire qu'il y a des mines
dans cette tour ? Je les ai trouvées, dit Florine, c'est tout ce que j'en sais. La Reine la
regardait attentivement pour pénétrer dans son
cœur ce qui s'y passait.

Nous ne sommes pas vos dupes, vous pensez
nous en faire accroire, mais nous savons ce que
vous faites ; on vous a donné ces bijoux dans
la seule vue de vous obliger à vendre le royaume de votre père. Je serais fort en état de le
livrer, répondit Florine avec un sourire dé-
daigneux ; une Princesse infortunée, qui lan-
guit dans les fers depuis si long-temps, peut
beaucoup dans un complot de cette nature.

Et pourquoi donc, reprit la Reine, êtes-

vous coiffée comme une petite coquette, votre
chambre pleine d'odeur et votre personne si
magnifique, qu'au milieu de la cour vous seriez
moins parée?

J'ai assez de loisir, dit la princesse, il n'est
pas extraordinaire que je donne quelques momens à m'habiller, j'en passe tant d'autres à
pleurer mes malheurs, que ceux-là ne sont
pas à me reprocher. Ça, ça, voyons si cette
innocente personne n'a pas de traité avec les
ennemis. Madame, dit Florine, sachez que les
esprits qui volent et l'air me sont favorables.
Je crois, dit la Reine outrée de colère, que les
démons s'intéressent pour vous; mais malgré
eux, votre père saura se faire justice. Plût au
ciel, s'écria Florine, n'avoir à craindre que la
fureur de mon père! mais la vôtre, Madame,
est plus terrible. La Reine la quitta troublée
de ce qu'elle venait de voir et d'entendre, et
tint conseil sur ce qu'elle devait faire contre la
Princesse. On lui dit que si quelque Fée ou
quelque Enchanteur la prenait sous sa pro-
tection, le vrai secret pour les irriter serait de
lui faire de nouvelles peines, et qu'il serait
mieux d'essayer de découvrir son intrigue.

La Reine approuva cette pensée, et envoya
coucher dans sa chambre une jeune fille qui
contrefaisait l'innocente, qui avait ordre de lui
dire qu'on la mettait ici pour la servir. Mais
quelle apparence de donner dans un panneau
si grossier! La Princesse la regarda comme une
espionne; peut-on ressentir une douleur plus
violente? Quoi! je ne parlerai plus à cet oiseau qui m'est si cher; il m'aidait à supporter

mes malheurs, je soulageais les siens ; notre
tendresse nous suffisait ; que va-t-il faire ?
que ferai-je moi-même ? En pensant à toutes
ces choses, elle versait un torrent de larmes.
Elle n'osait plus se mettre à la fenêtre, quoiqu'elle l'entendît voltiger autour et mourrait
d'envie de lui ouvrir ; mais la crainte d'exposer
la vie de ce cher amant, lui fit passer un mois
sans paraître. L'Oiseau-bleu se désespérait.
Comment vivre sans voir la Princesse ? Il n'a-
vait jamais mieux ressenti les maux de l'absence et de sa métamorphose, il cherchait inutilement des remèdes à l'un et à l'autre ; et
après s'être creusé la tête, il ne trouva rien
qui le soulageât.

L'espionne de la Princesse, qui veillait jour
en nuit depuis un mois, se senti si fortement
accablée de sommeil, qu'enfin elle s'endormit
profondément. Florine s'en aperçut, elle ou-
vrit la petite fenêtre, et dit :

> Oiseau-Bleu, couleur du tems,
> Vole à moi promptement.

Ce sont là ses propres termes auxquels je
n'ai rien voulu changer.

L'Oiseau les entendit si bien, qu'il vint
promptement sur la fenêtre. Quelle joie de se
revoir ! qu'ils avaient de choses à se dire ! les
amitiés et les protestations se renouvellèrent.
La Princesse n'ayant pu s'empêcher de répan-
dre des larmes, son amant s'attendrit beaucoup, et la consola de son mieux. Enfin l'heure
de se quitter étant venue, sans que la Géolière se fut éveillée, ils se dirent l'adieu du
monde le plus touchant ; le lendemain l'es-

pionne s'endormit, la Princesse se mit dili-
gemment à la fenêtre, puis elle dit comme la
première fois :

> Oiseau-Bleu , couleur du tems,
> Vole à moi promptement.

Aussitôt l'Oiseau-bleu vint, et la nuit se
passa comme l'autre, et nos amans en étaient
ravis ; ils se flattaient que la surveillante pren-
draient ainsi son plaisir à dormir toutes les
nuits ; effectivement la troisième se passa encore heureusement ; mais la suivante, la dor-
meuse entendit du bruit, écouta sans faire
semblant de rien , puis regardant , vit au clair
de la lune le plus bel Oiseau du monde qui
parlait à la Princesse, qui la carressait et la
becquetait doucement ; ensuite elle entendit
une partie de leur conversation, et en fut très-
étonnée ; car l'Oiseau parlait comme un amant,
et Florine lui répondait avec tendresse.

Le jour parut, ils se dirent adieu : et comme
s'ils eussent eu un pressentiment de leur pro-
chaine disgrâce , ils se quittèrent avec une
peine extrême : Florine se jetta sur son lit
toute baignée de ses larmes, et le Roi retourna
dans son arbre. Sa Géolière courut chez la
Reine, et lui apprit tout ce qu'elle avait vu
et entendu. La Reine fit venir Truitonne et
ses confidentes, et raisonnèrent long-tems, savoir si l'Oiseau-bleu était le Roi Charmant.
Quel affront ma Truitonne, s'écria la Reine !
cette insolante que je croyais si affligée, jouit
en repos des agréables conversations de notre
ingrat. Ah ! je m'en vengerai d'une manière
si sanglante qu'il en sera parlé. Truitonne la

pria de ne pas perdre un moment, et mourrait de joie en pensant à tout ce qu'on faisait pour dérober entièrement l'amant et la maîtresse.

La Reine renvoya l'espionne dans la tour, et lui ordonna de ne témoigner ni soupçon ni curiosité, et de paraître plus endormie qu'à l'ordinaire; et de ronfler de son mieux. Et la pauvre Princesse trompée, ouvrant sa petite fenêtre, s'écria :

Oiseau-Bleu, couleur du tems,
Vole à moi promptement.

Mais elle l'appela toute la nuit inutilement, il ne parut point; car la méchante Reine avait fait attacher au cyprès, des épées, des couteaux, des rasoirs et des poignards; et quand il vint à tire-d'ailes s'abattre dessus, ces armes meurtrières lui coupèrent les pieds, il tomba sur d'autres qui lui coupèrent les ailes, et enfin tout percé, il se sauva avec peine jusqu'à son arbre laissant une longue trace de sang.

Que n'étiez-vous là, belle Princesse, pour soulager cet Oiseau royal! mais vous en seriez morte de l'avoir vu dans un état si déplorable. Il ne voulait prendre aucun soin de sa vie, croyant que c'était Florine qui lui avait fait jouer ce mauvais tour. Ah! barbare, disait-il douloureusement, est-ce ainsi que tu paies la passion la plus pure qui sera jamais? si tu voulais ma mort, que ne me la donnais-tu? elle m'aurait été chère de ta main. Je venais te trouver avec tant d'amour et de confiance, je souffrais pour toi sans me plaindre, et tu m'as sacrifié à la plus cruelle des femmes, elle était notre ennemie com-

mune, tu viens de faire ta paix à mes dépens ;
c'est toi, Florine, c'est toi qui me poignarde,
tu as emprunté la main de Truitonne, et tu
l'as conduite jusques dans mon sein. Ces funestes idées l'accablèrent à tel point, qu'il ré-
solut de mourir.

Mais son ami l'Enchanteur qui avait vu revenir chez lui le chariot volant sans le Roi, en
fut en peine, et parcourut huit mois toute la
terre pour le chercher sans pouvoir le trouver,
il faisait son neuvième tour, quand, passant
dans le bois où il était, et selon la règle qu'il
s'était faite, il donna du cor assez long-
temps, puis cria de toute sa force : Roi Charmant, Roi Charmant, où êtes-vous ? Le Roi
reconnut la voix de son ami. Approchez, lui
dit-il, de cet arbre, et voyez le malheureux
Roi que vous chérissez, noyé dans son sang.
L'Enchanteur tout surpris, regardait de tous
côtés sans rien voir. Je suis Oiseau-bleu, dit
le Roi d'une voix faible et languissante ; à ces
mots, l'Enchanteur le trouva sans peine dans
son petit nid. Un autre que lui aurait été étonné plus qu'il ne le fut, mais il n'ignorait aucun
tour de l'art négromancien, et ne lui coûta que
quelques paroles pour arrêter le sang, et avec
des herbes qu'il trouva dans le bois, et sur
lesquelles il dit deux mots de grimoire, il
guérit le Roi aussi parfaitement que s'il n'eut
pas été blessé, et le pria ensuite de lui dire
pourquoi il était devenu oiseau, et qui l'avait
blessé si cruellement. Le Roi contenta sa cu-
curiosité, disant que c'était Florine qui avait
révélé les visites secrètes qu'il lui rendait, et

que pour faire sa paix avec la Reine, elle avait
consenti à laisser garnir le cyprès d'épées et de
rasoirs, prrquoi il avait été haché ; il se ré-
cria cent fois sur l'infidélité de cette Princesse,
et dit qu'il s'estimerait heureux d'être mort
avant d'avoir connu son méchant cœur. Le
Magicien se déchaîna sur elle et sur toutes les
femmes, et dit au Roi de l'oublier. Quel malheur, dit-il, si vous étiez capable d'aimer plus
long-tems cette ingrate! après le tour qu'elle
vient de vous faire, on en doit tout craindre.
L'Oiseau-bleu n'en fut pas d'accord, il aimait
trop Florine, l'Enchanteur qui connut ses sentimens, malgré le soin qu'il prenait de les cacher, lui dit d'une manière agréable :

    Accablé d'un cruel malheur,
  En vain l'on parle et l'on raisonne,
  On n'écoute que sa douleur,
  Et non les conseils qu'on nous donne,
  Il faut laisser faire le tems,
  Chaque chose a son point de vue ;
  Et quand l'heure n'est pas venue,
  On se tourmente vainement.

L'Oiseau royal en convint, et pria son ami
de le porter chez lui, et de le mettre dans une
cage, où il fut à couvert de la patte des chats
et de toutes armes meurtrières. Mais lui dit
l'Enchanteur, demeurerez-vous encore cinq
ans dans un état si déplorable et si peu conve-
nable à vos affaires et à votre dignité? car
enfin vous avez des ennemis qui soutiennent
que vous êtes mort, et qui veulent envahir
votre royaume. Ne pourrai-je pas, repliqua-
t-il gouverner tout comme je faisais ordinairement? O ! s'écria son ami, la chose est bien

différente : tel qui veut obéir à un homme ne
veut pas obéir à un perroquet ; tel qui vous
craint en Roi, vous arrachera toutes les plumes vous voyant un petit oiseau.

Ah ! faiblesse humaine, brillant extérieur,
dit le Roi, encore que tu ne signifies rien pour
le mérite et pour la vertu, tu ne laisses pas
d'avoir des endroits décevans dont on ne peut
presque se défendre. Hé bien, continua-t-il,
soyons philosophes, méprisons ce que nous ne
pouvons obtenir. Je ne me rends pas sitôt, dit
le Magicien, j'espère de trouver un bon expé-
dient.

Florine, la triste Florine, désespéré de ne
plus voir le Roi, passait les jours et les nuits à
sa fenêtre, répétant sans cesse :

Oiseau-Bleu, couleur du tems,
Vole à moi promptement.

La présence de son espionne ne l'empêchait
point, son désespoir était tel, qu'elle ne pouvait
plus rien manger. Qu'êtes-vous devenu, Roi
Charmant, s'écriait-elle, nos communs ennemis vous ont-ils fait ressentir les cruels effets
de leur rage ? avez-vous été sacrifié à leur fureur ? hélas ! n'êtes-vous plus ? ne dois-je plus
vous voir ? ou fatigué de mes malheurs, m'a-
vez-vous abandonné à la dureté de mon sort ?
Que de larmes, que de sanglots suivaient ces
tendres plaintes ! Que les heures étaient deve-
vues longues par l'absence d'un amant si aimable ! La Princesse abattue, malade, maigre
et toute changée, pouvait à peine se soutenir,
et se persuadait que tout ce qu'il y a de funeste
était arrivé au Roi.

La Reine et Truitonne triomphaient, la vengeance leur faisait plus de plaisir que l'offense ne leur avait fait de peine. Et au fond, de quoi s'agissait-il? Le Roi Charmant n'avait pas voulu épouser un petit monstre qu'il avait mille sujets de haïr. Cependant le père de Florine qui était vieux, tomba malade et mourut. La fortune de la méchante Reine et de sa fille, qui étaient les favorites, changea de face; le peuple accourut au Palais demander la Princesse Florine, la reconnaissant pour Souveraine. La Reine irritée voulait traiter l'affaire avec hauteur, et paraissait sur le balcon, menaça les mutins, ce qui rendit la sédition générale; on enfonça les portes de son appartement; on le pille et on l'assomme à coups de pierres; Truitonne qui courrait le même danger, s'enfuit chez sa marraine Soussio.

Les grands du Royaume s'assemblèrent à l'instant, et montèrent à la tour où la Princesse était fort malade, elle ignorait la mort de son père, et le supplice de son ennemie. En entendant tant de bruit, elle crut qu'on venait la prendre pour la faire mourir, et n'en fut pas effrayée; la vie lui était si odieuse depuis qu'elle avait perdu l'Oiseau-bleu; mais ses sujets se jetant à ses pieds, lui apprirent le changement qui venait d'arriver à sa fortune. Elle n'en fut point émue; ils la portèrent dans son palais et la couronnèrent.

Les soins qu'on prit de sa santé, et l'envie qu'elle avait de chercher l'Oiseau-bleu, contribuèrent beaucoup à la rétablir, et lui donnèrent bientôt assez de force pour nommer un

Conseil qui eut soin de son Royaume en son
absence : puis prenant pour des millions de
pierreries, partit toute seule sans que personne
le sût. L'Enchanteur qui prenait soin des affaires du Roi Charmant, n'ayant pas assez de
pouvoir pour détruire ce que Soussio avait
fait, s'avisa de l'aller trouver et de lui proposer un accommodement en faveur duquel elle
rendrait au Roi sa première figure, et prenant
ses grenouilles, vola chez la Fée, qui causait
dans ce moment avec Truitonne. D'un Enchanteur à une Fée il n'y a que la main ; ils
se connaissaient depuis plus de cinq ou six cents
ans, et dans cet espace de tems, ils avaient été
mille fois bien et mal ensemble : Soussio le
reçut très-agréablement. Que veut mon compère ? lui-elle, (c'est ainsi qu'ils se nomment
tous) ; y a-t-il quelque chose pour son service
qui dépende de moi ? Oui, ma commère, dit
le Magicien, vous pouvez tout pour ma satisfaction ; il s'agit du meilleur de mes amis, d'un
Roi que vous avez rendu infortuné. Ha ! ha !
je vous entends, compère, dit Soussio, j'en
suis fâchée, il n'y a point de grâce à espérer à
moins d'épouser Truitonne ; la voilà qui est
très-jolie, comme vous voyez ; qu'il se con-
sulte.

L'enchanteur pensa demeurer muet, tant il
la trouva affreuse ; cependant il ne pouvait
se résoudre à partir sans régler quelque chose
avec elle, parce que le Roi qui avait couru
beaucoup de risque depuis qu'il était en cage.
Le clou qui l'accrochait s'était cassé, et la cage
était tombée, dont Sa Majesté emplumé soul-

frit beaucoup. Minette, qui se trouva dans
la chambre lorsque cet accident arriva, lui
donna un coup de griffe dans l'œil, dont il
pensa être borgne. Une autre fois on avait oublié de lui donner à boire ; il allait le grand
chemin d'avoir la pepie, quand on l'en garantit
par un peu d'eau. Un petit coquin de singe
s'étant échappé, attrapa ses plumes au travers
de la cage, et l'épargna aussi peu qu'il aurait
fait d'un geai ou d'un merle. Le pire de tout,
c'est qu'il était sur le point de perdre son
Royaume, ses héritiers faisaient toutes sortes
de fourberies pour prouver qu'il était mort.
Enfin, l'Enchanteur conclut avec la commère
Soussio, qu'elle mènerait Truitonne au palais
de Charmant et y demeurerait quelques mois,
pendant lesquels il prendrait sa résolution, et
qu'elle lui rendrait sa figure, quitte à revenir
Oiseau-bleu s'il ne l'épousait pas.

La Fée donna des habits d'or et d'argent à
Truitonne, puis la fit monter en croupe der-
rière elle sur un dragon, et se rendirent au
Royaume de Charmant, qui venait d'y arriver avec son ami l'Enchanteur. En trois coups
de baguette, il se vit comme il avait été, beau,
aimable, spirituel et magnifique : mais il a-
chetait bien cher le tems qu'on diminuait de
sa pénitence. La pensée d'épouser Truitonne
le faisait frémir. L'Enchanteur lui disait toutes sortes de bonnes raisons et ne gagnait rien
sur son esprit ; il était moins occupé de la conduite de son Royaume, que des moyens de
prolonger le terme que Soussio lui avait donné
pour épouser Truitonne.

Cependant la Reine Florine déguisée sous
un habit de paysanne, avec ses cheveux épars,
de sorte qu'on ne voyait pas son visage, un
chapeau de paille sur la tête, un sac de toile
sur ses épaules, commença son voyage : tantôt à pied, tantôt à cheval, tantôt par mer,
tantôt par terre, et avec toutes sortes de dili-
gences ; mais ne sachant où tourner ses pas,
crainte d'aller d'un côté, pendant que son aimable Roi serait de l'autre.

Un jour s'étant arrêtée au bord d'une fon-
taine, dont l'eau argentée serpentait sur les
cailloux, elle eut envie de laver ses pieds, et
s'asseyant sur le gazon, relève ses blonds cheveux avec un ruban et mit ses pieds dans le
ruisseau ; elle ressemblait à Diane qui se bai-
gne au retour d'une chasse. Il passa une petite vieille toute voûtée, appuyée sur un gros
bâton, qui s'arrêta, lui disant : Que faites-vous
là, ma belle fille ? vous êtes bien seule ? Ma
bonne mère, dit la Reine, je ne laisse pas d'être
en grande compagnie, car j'ai avec moi les
chagrins, les inquiétudes et les déplaisirs.

A ces mots, ses yeux fondirent en larmes.
Quoi ! si jeune vous pleurez, dit cette bonne
femme, ah ! ne vous affligez pas, dites-moi
sincèrement ce que vous avez, je vous rendrai
service. La Reine lui conta ses ennuis, la conduite que Soussio avait tenue, et enfin qu'elle
cherchait l'Oiseau-bleu.

La petite vieille se redresse, s'engence,
change tout-a-coup de visage, paraît belle,
jeune, habillée superbement, et regardant la
Reine avec un sourire gracieux, lui dit : Incom-

La petite vieille consolant la princesse Florine.

parable Florine, le Roi que vous cherchez,
n'est plus Oiseau, ma sœur Soussio lui a rendu
sa première figure ; il est dans son Royaume ;
ne vous affligez point, vous y arriverez, et vous
viendrez à bout de votre dessein ; voilà quatre
œufs, vous les casserez dans vos pressans be-
soins, et vous y trouverez des secours qui vous
seront utiles. En achevant ces mots, elle dis-
parut. Florine fut bien consolée ; et mettant
ses œufs dans son sac, tourna ses pas vers le
Royaume de charmant.

Après avoir marché huit jours et huit nuits
sans s'arrêter, elle arriva au pied d'une montagne prodigieuse par sa hauteur, toute d'ivoire
et si droite qu'on n'y pouvait mettre le pied
sans tomber ; elle fit d'inutiles tantavives, et
désespérée d'un obstacle si insurmontable, se
coucha au pied de la montagne, résolue de
s'y laisser mourir ; et se souvenant des œufs
que la Fée lui avait donnés, elle en prit un
disant : Voyons si on ne s'est pas moqué de
moi, en me promettant les secours dont j'aurais
besoin. Dès qu'il fut cassé, elle y trouva des
petits crampons d'or, et les mit à ses mains et
à ses pieds, puis monta la montagne sans peine,
car les crampons entraient dedans et l'empê-
chaient de glisser. Et étant au haut, elle eut
de plus grandes peines pour descendre ; toute
la vallée était d'une seule glace de miroir ; il y
avait autour plus de cent mille femmes qui s'y
miraient avec un plaisir extrême, car ce miroir
avait bien deux lieues de large et six de haut ;
chacune s'y voyait selon ce qu'elle voulait être,
la rousse y paraissait blonde, la brune avait les

cheveux noirs, la vieille croyait être jeune, la
jeune ne vieillissait pas; de sorte que tous les
défauts étaient si bien cachés, qu'on y venait
des quatre coins du monde. Il y avait de quoi
mourir de rire à voir les grimaces et les mi-
nauderies que toutes ces coquettes faisaient.
Cette circonstance n'y attirait pas peu d'hommes, le miroir leur plaisait aussi : il faisait
paraître aux uns de beaux cheveux, à d'autres
la taille mieux faite, l'air martial et de bonne
mine : les femmes dont ils se moquaient ne se
moquaient pas moins d'eux; de sorte qu'on
appelait cette montagne d'une infinité de noms
différens. Personne n'était encore parvenu au
sommet, et quand on vit Florine, les Dames
poussèrent de grands cris de désespoir, disant:
Où va cette mal-avisée ? elle brisera tout ; et
faisant un bruit épouvantable.

La Reine ne savait comment faire; c'était
un grand péril pour descendre. Elle cassa un
autre œuf, d'où il sortit deux pigeons et un
chariot qui devint aussitôt assez grand pour s'y
placer à son aise ; puis les pigeons descendirent
la Reine sans qu'il lui arriva rien de fâcheux,
et leur dit : mes petits amis, si vous voulez
me conduire jusqu'où le Roi Charmant tient
sa cour, vous n'obligerez pas une ingrate. Les
pigeons civiles et obéissans ne s'arrêtèrent ni
jour ni nuit qu'ils ne fussent arrivés aux portes de la ville. Florine descendit, et leur donna
à chacun un doux baiser plus estimable qu'une
couronne.

O que le cœur lui battait en entrant ! et
s'étant barbouillée le visage pour n'être pas con-

nue, demanda aux passans où elle pourrait
voir le Roi. Ils se prirent à rire. Voir le Roi,
dirent-ils, eh! que lui veux-tu, ma mie
Souillon? va te décrasser, tu n'as pas les yeux
assez bons pour voir un tel Monarque. La
Reine ne répondit rien, et s'éloignant doucement, demanda encore à ceux qui passaient,
où elle pourrait se mettre pour voir le Roi.
Il doit venir demain au Temple avec la Princesse Truitonne, lui répondit-on, car enfin il
consent de l'épouser.

Ciel! est-il possible! Truitonne, l'indigne
Truitonne sur le point d'épouser le Roi! Florine pensa mourir et n'eût pas la force pour
parler, ni pour marcher, et se mettant assise
sur une porte, bien cachée de ses cheveux et
de son chapeau de paille, dit : Infortunée que
je suis, je viens ici pour augmenter le triomphe
de ma rivale, et me rendre témoin de sa satisfaction, c'était donc à cause d'elle que l'Oiseau-bleu cessa de me venir voir! c'était pour
ce petit monstre qu'il faisait la plus cruelle des
infidélités, pendant qu'abîmée dans la douleur,
je m'inquiétais pour la conservation de sa vie,
le traître avait changé, et se souvenant moins
de moi que s'il ne m'eût jamais vue, il me
laissa le soin de m'affliger de sa trop longue
absence, sans se soucier de la mienne.

Quand on a beaucoup de chagrin, il est rare
qu'on ait bon appétit. La Reine chercha à lo-
ger, et se coucha sans souper, et en se levant
fut au temple, et n'y entra qu'après avoir
essuyé cent rebuffades des gardes et des soldats;
puis apercevant le Trône du Roi et de Trui-

tonne, qu'on regardait déjà comme la Reine.
Que de douleurs pour une personne aussi tendre et aussi délicate que Florine ! et s'appro-
chant du Trône de sa rivale, se tint appuyée
contre un pillier de marbre. Le Roi vint le
premier, plus beau et plus aimable qu'il eût
été de sa vie. Truitonne parut ensuite riche-
ment parée, ce qui la rendait encore plus affreuse, qui regardant Florine en fronçant le
nez, lui dit : Qui es-tu, pour oser t'appro-
cher de moi et de mon Trône d'or? Je suis
Mie-Souillon, je viens de loin pour vous vendre des raretés, et tirant de son sac les bracelets d'émeraudes que le Roi Charmant lui avait
donnés. Ho ! ho ! dit Truitonne, voilà de jolies choses ! en veux-tu cinq sous? Montrez-
les, Madame, aux connaisseurs, puis nous fe-
rons marché. Truitonne qui aimait le Roi autant qu'une telle bête en était capable, fut
ravie d'avoir occasion de lui parler, et s'appro-
chant de son Trône, lui montra ces bracelets,
le priant d'en dire son sentiment. A la vue de
ces bracelets, il se souvint de ceux qu'il avait
donnés à Florine, et en pâlit, soupira, et fut
long-tems sans répondre ; enfin, crainte qu'on
ne s'aperçut de l'état où ces différentes pensées
le réduisaient, il se fit violence, et lui dit : Ces
bracelets valent, je crois, autant que mon
Royaume.

Truitonne revint sur son Trône, où elle
avait moins bonne mine qu'une huître à l'é-
caille ; elle demanda à la Reine, combien ces
bracelets ? Vous auriez trop de peine à me les
payer, Madame, il vaux mieux vous proposer

un autre marché. Si vous voulez me procurer
de coucher une nuit dans le cabinet des échos,
qui est au palais du Roi, je vous donnerai
mes émeraudes. Je le veux bien, dit Truitonne,
en riant, comme une perdue, et montrant des
dents plus longues que les défenses du san-
glier.

Le Roi ne s'informa point d'où venaient ces
bracelets, moins par indifférence pour celle qui
les présentait, que par un éloignement invin-
cible qu'il sentait pour Truitonne. Or, il est à
propos de savoir que pendant qu'il était Oiseau-bleu, il avait conté à la Princesse, qu'il
avait sous son appartement un cabinet, qu'on
nommait le *cabinet des Echos*, qui était si in-
génieusement fait, que tout ce qui s'y disait
fort bas était entendu du Roi, lorsqu'il était
couché dans sa chambre. Et comme la Reine
voulait lui reprocher son infidélité, elle n'avait
pas imaginé de meilleur moyen.

On la mena dans le cabinet par ordre de
Truitonne, où commençant ainsi ses plaintes,
dit : Le malheur dont je voulais douter n'est
que trop certain ; cruel Oiseau-bleu, tu m'as
oublié, tu aimes mon indigne rivale ; les bracelets que j'ai reçus de ta royale main, n'ont
pu me rappeler à ton souvenir tant j'en suis
éloignée ! alors les sanglots interrompirent ses
paroles, et quand elle eût assez de force pour
parler, elle continua ses plaintes jusqu'au jour.
Les valets-de-chambre l'avaient entendu toute
la nuit gémir et soupirer, et le dirent à Truitonne, qui lui demanda quel tintamar elle avait
fait ? La Reine lui dit qu'ordinairement elle

rêvait et parlait très—souvent tout haut. Pour
le Roi il n'avait rien entendu par une fatalité
étrange ; c'est que depuis qu'il avait aimé Florine, il ne pouvait plus dormir, et quand il
était au lit, on lui donnait de l'opium pour lui
faire prendre quelque repos.

La Reine passa une partie du jour dans une
étrange inquiétude, et raisonnait ainsi : S'il
m'a entendu, se peut-il une indifférence plus
criante ? s'il ne m'a pas entendu, que ferai-je
pour me faire entendre ? N'ayant plus de raretés
extraordinaires, elle eût recours à ses œufs, et en
cassa un d'où il sortit un petit carosse d'acier poli,
garni d'or, qui était attelé de six souris vertes,
conduit par un raton couleur de rose, et le pos-
tillon, qui était aussi de famille ratonienne, était
d'un gris de lin : il y avait dans ce carosse quatre
marionnettes plus fringantes que toutes celles qui
paraissent aux foires S. Germain et S. Laurent,
qui faisaient des choses surprenantes, particuliè-
rement deux petites Egyptiennes, qui, pour
danser la sarabande et les passe-pieds, ne l'aurait pas cédé à Léance.

La Reine fut ravie de ce nouveau chef-
d'œuvre de l'art négromancien, puis elle se
mit dans une allée où Truitonne devait s'y
promener, et y faisait galoper les souris qui
traînaient le carosse. Cette nouveauté étonna
fort Truitonne, qui s'écria deux ou trois fois :
Mie—Souillon, veux-tu cinq sous de ton carosse et de ton attelage souriquois ? Demandez
aux savans du Royaume ce qu'il vaut, je
m'en rapporterai à l'estimation du plus savant.
Truitonne qui était absolue en tout, lui répli-

qua : Sans m'importuner plus long-tems de
ta crasseuse présence, dis-en le prix. Dormir
encore dans le cabinet des échos, dit la Reine,
est tout ce que je demande. Vas, pauvre bête,
tu n'en seras pas refusée ; et se tournant vers
ses Dames, dit : Voilà une sotte créature de
retirer si peu d'avantage de ses raretés.

La nuit, la Reine dit tout ce qu'il y a de
plus tendre, et le dit aussi inutilement que la
première fois, parce que le Roi ne manquait
jamais de prendre son opium. Les valets-de-
chambre disaient entr'eux : sans doute cette
paysanne est folle, qu'est-ce qu'elle raisonne
toute la nuit. Avec tout cela, disaient d'autres : il ne laisse pas d'y avoir de l'esprit et
beaucoup de passion dans ses raisons.

Florine attendait avec impatience le point
du jour pour voir l'effet que ces discours au-
raient produit. Quoi ! ce barbare est devenu
sourd à ma voix, dit la Reine ; il n'entend plus
sa chère Florine ! Ah ! que j'ai de faiblesse de
l'aimer encore, que je mérite bien les marques
de mépris qu'il me donne, et n'y pensait qu'j-
inutilement, ne pouvait se guérir de ses bles-
sures que la tendresse avait formée. Et n'ayant
plus qu'un œuf dont elle espérait tirer du
secours, elle le cassa, et en sortit un pâté de
six oiseaux qui étaient lardés, cuits et fort bien
apprêtés, qui avec cela chantaient admirable-
ment bien, disaient la bonne aventure, et savaient mieux la médecine qu'Esculape. La
Reine fut charmée d'une chose si admirable,
et fut avec son pâté parlant, à l'anti-chambre
de Truitonne.

Comme elle attendait qu'elle passa, un des valets-
de-chambre du Roi s'approcha, et lui dit : Mie-Souillon, savez-vous que si le Roi ne prenait pas de l'o-
pium pour dormir, vous l'étourdiriez assurément,
car vous jasez toute la nuit d'une manière surpre-
nante.

Florine ne s'étonna pas de ce qu'il ne l'avait pas
entendu, et fouillant dans son sac, lui dit : Je crains
si peu d'interrompre le repos du Roi, que si vous
voulez ne lui point donner d'opium ce soir, en cas
que je couche dans le même cabinet, toutes ces perles et ces diamans seront pour vous. Le valet-de-
chambre y consentit, et lui en donna sa parole.

Quelques momens après, Truitonne vint à passer,
et apercevant la Reine avec son pâté, qui feignit de
le vouloir manger, lui dit : Que fais-tu là, Mie-
Souillon ? Madame, dit Florine, je mange des As-
trologues, des Musiciens et des Médecins. Au même
instant tous les oiseaux se mirent à chanter plus mé-
lodieusement que des Sirènes, puis ils s'écrièrent :
Donnez-nous la pièce blanche, et nous vous dirons
votre bonne aventure. Un canard qui dominait, dit
plus haut que tous les autres : Can, can, can, je suis
médecin, je guéris de tous maux et de toutes sortes
de folies, hors le mal d'amour. Truitonne, plus
surprise qu'à l'ordinaire, jura par la vertu chou :
voilà un excellent pâté, je le veux avoir. Ça, ça,
Mie-Souillon, que t'en donnerai-je ? Le prix ordinaire ; coucher dans le cabinet des échos, et rien
davantage. Tiens, dit généreusement Truitonne (car
elle était de bonne humeur), tu en auras une pistole.
Florine plus contente qu'elle ne l'eût encore été, par
l'espérance que le Roi l'entendrait, se retira en la
remerciant.

Dès que la nuit parut, elle se fit conduire dans le
cabinet, souhaitant de tout son cœur que le valet-de-
chambre lui tint parole, et qu'au lieu de donner de
l'opium au Roi, il lui présentât quelqu'autre chose
qui pût le tenir éveillé. Et croyant tout le monde
endormi, commença ses plaintes ordinaires, disant :

A combien de périls ne me suis-je pas exposée pour te chercher, pendant que tu me fuis et que tu veux épouser Truitonne ? que t'ai-je donc fait, cruel, pour oublier tes sermens ? Souviens-toi de ta métamorphose, de mes bontés et de nos tendres conversations, et les répéta presque toutes avec une mémoire qui prouvait bien que rien ne lui était si cher que ce souvenir.

Le Roi ne dormait pas, il entendait si distinctement la voix de Florine et toutes ses paroles qu'il ne pouvait comprendre d'où elles venaient, mais son cœur pénétré de tendresse lui en rappela si vivement l'idée, qu'il sentit sa séparation avec la même douleur qu'au moment où les couteaux l'avaient blessé sur le cyprès ; il se mit à parler aussi de son côté. Ah ! Princesse, dit-il, trop cruelle pour un amant qui vous adorait, est-il possible que vous m'ayez sacrifié à nos communs ennemis ? Florine ne manqua pas de lui répondre que s'il voulait entretenir Mie-Souillon, il serait éclairci de tous les mystères qu'il ignorait. A ces mots, le Roi impatient appela un valet-de-chambre, et lui demanda s'il ne pourrait point trouver Mie-Souillon et l'amener. Le valet-de-chambre dit que rien n'était plus facile, parce qu'elle couchait dans le cabinet des échos.

Le Roi ne savait quoi s'imaginer : quel moyen de croire qu'une aussi grande Reine que Florine fut déguisée en Souillon ? et quel moyen de croire que Mie-Souillon eût la voix de la Reine, et sût des secrets si particuliers, à moins que ce ne fut elle-même ? Dans cette incertitude, il se leva promptement, et descendit par un degré dérobé dans le cabinet des échos, dont la Reine avait ôté la clef : mais le Roi en avait une qui ouvrait toutes les portes de son palais ; et ayant ouvert la porte, il la trouva couchée sur un lit de repos, elle avait une légère robe de taffetas blanc qu'elle portait sous ses vilains habits ; ses beaux cheveux couvraient ses épaules, et ne l'aperçut qu'à la lueur sombre d'une lampe qui ne l'empêcha pas de la reconnaître. Le Roi en tra tout d'un coup, et vint se jeter à ses pieds, et son amour l'emporta sur son ressentiment ; il mouilla ses mains de ses larmes, et pensa mourir de joie.

La Reine ne fut pas moins en pareil cas, elle pouvait à peine respirer ; elle regardait fixement le Roi sans pouvoir lui rien dire ; et quand elle eut la force de lui parler, elle n'eut pas celle de lui faire des reproches, le plaisir de le revoir lui fit oublier les sujets de plaintes qu'elle croyait avoir. Enfin, ils s'éclaircirent, ils se justifièrent, et leur tendresse se réveilla ; tout ce qui les embarrassait, c'était la Fée Soussio.

Mais dans ce moment, l'Enchanteur qui aimait le Roi, arriva, avec une Fée fameuse : c'était justement celle qui donna les quatre œufs à Florine. Après les premiers complimens, l'Enchanteur et la Fée déclarèrent que leur pouvoir étant uni en faveur du Roi et de la Reine, Soussio ne pouvait plus rien contr'eux, et qu'ainsi leur mariage ne recevait aucun retardement.

Il est aisé de se figurer la joie de ces deux jeunes amans ; dès qu'il fut jour, on la publia dans tout le palais, et chacun était ravi de voir Florine. Ces nouvelles allèrent jusqu'à Truitonne, qui accourut chez le Roi. Quelle surprise d'y trouver sa belle rivale ! Dès qu'elle voulut ouvrir la bouche pour lui dire des injures, l'Enchanteur et la Fée parurent, qui la métamorphosèrent en Truie, afin qu'il lui restât au moins une partie de son nom et de son naturel grondeur. Elle s'enfuit, toujours grognant, jusques dans la basse-cour, où de longs éclats de rire que l'on fit sur elle, achevèrent de la désespérer.

Le Roi Charmant et la Reine Florine, délivrés d'une personne si odieuse, ne pensèrent qu'à la fête de leurs nôces ; la galanterie et la magnificence y parurent également. Il est aisé de juger de leur félicité après de longs malheurs.

MORALITÉ

Quand Truitonne aspirait l'hymen de Charmant,
     Et que, sans avoir su lui plaire,
Elle voulait former ce triste engagement,
     Que la mort seule peut défaire,
     Qu'elle était imprudente, hélas !
Sans doute elle ignorait, qu'un pareil mariage
     Devient un funeste esclavage,
          Si l'amour ne le forme pas.
     Je trouve que Charmant fut sage :
          A mon sens il vaut beaucoup mieux
Etre Oiseau-bleu, Corbeau, devenir Hibou même.
     Que d'éprouver la peine extrême
D'avoir ce qu'on hait toujours devant les yeux.
     En ces sortes d'hymens notre siècle est fertile ;
          Les hymens seraient plus heureux,
Si l'on trouvait encore quelqu'Enchanteur habile,
Qui voulut s'opposer à ces coupables nœuds,
Et ne jamais souffrir que l'hymenée unisse
          Par intérêt ou par caprice,
Deux cœurs infortunés, s'ils ne s'aiment tous deux.

FIN.

Imprimerie de Rod. Henri DECKHERR à Montbéliard.

www.ingramcontent.com/pod-product-compliance
Lightning Source LLC
LaVergne TN
LVHW022206080426
835511LV00008B/1598